The Dream We Carry

The Dream We Carry

Selected and Last Poems of

OLAV H. HAUGE

Translated by Robert Bly and Robert Hedin

Copper Canyon Press
Port Townsend, Washington

Cover art: Gerhard Richter, "Seascape (cloudy)," 1969. Oil on canvas, 200 × 200 cm.

Copper Canyon Press is in residence at Fort Worden State Park in Port Townsend, Washington, under the auspices of Centrum. Centrum is a gathering place for artists and creative thinkers from around the world, students of all ages and backgrounds, and audiences seeking extraordinary cultural enrichment.

LIBRARY OF CONGRESS CATALOGING-IN-PUBLICATION DATA
Hauge, Olav H.
[Poems. English and Norwegian. Selections]
The dream we carry: selected and last poems of Olav H. Hauge / translations by Robert Bly and Robert Hedin.
    p.   cm.
Text in English and Norwegian.
ISBN 978-1-55659-288-1 (pbk.: alk. paper)
1. Hauge, Olav H. — Translations into English.   I. Bly, Robert.
II. Hedin, Robert, 1949–   III. Title.
PT9072.H383A2   2008
839.82'174 — dc22

                                                            2008014588

COPPER CANYON PRESS
Post Office Box 271
Port Townsend, Washington 98368

www.coppercanyonpress.org

ACKNOWLEDGMENTS

Robert Bly's translations have previously appeared in *Great River Review*, *Ice-Floe*, and *Poetry*. Several were also published in *Trusting Your Life to Water and Eternity: Twenty Poems of Olav H. Hauge* (Milkweed Editions, 1987). Robert Hedin's translations have appeared in *The Bloomsbury Review, Borealis, Chariton Review, Ice-Floe, Journal of Contemporary Anglo-Scandinavian Poetry* (U.K.), *The Kenyon Review, Luna, Minnesota Monthly, North Coast Review, North Dakota Quarterly, Paintbrush, Poetry Daily, Poetry International, The Saint Ann's Review, War, Literature & the Arts,* and *Water-Stone*. Several were also published in *The Bullfinch Rising from the Cherry Tree: Poems of Olav H. Hauge* (Brooding Heron Press, 2001).

Translator's initials appear under each translation in this volume.

Contents

III

IV

Homage to Olav H. Hauge

Olav H. Hauge's flavor is persistent, like the taste of persimmons that we can never forget. His poems are as nourishing as an old apple that a goat has found in the orchard. He has much to give, and he gives it in small spoonfuls, as nurses give medicine. Everywhere in the daylight of his work, you see tiny experiences being valued.

> Midwinter. Snow.
> I gave the birds a piece of bread.
> And it didn't affect my sleep.

He loved to honor culture, and he honored it more than many classics professors do. People in his neighborhood felt a little fear when they entered his small, book-filled house. He was liable to pull down a fat volume, printed in Oxford, and say, "No doubt you've read this?" Very few people in town had read it, but there wasn't a trace of scorn in his question. He loved the book so much he thought it quite possible that you did, too.

What is it like to spend your whole life as a poet on a farm with no support from your family or from the community? It would be lonely, something like walking in a marsh in the middle of the woods.

> It is the roots from all the trees that have died
> out here, that's how you can walk
> safely over the soft places.

One would have to realize that the old Chinese poets have lived this sort of life before you; they wrote poems; they didn't die of fear. Hauge was able to compare himself to a drowned person he had heard about:

> that cold person
> who drowned himself here one day
> helps hold up your frail boat.
> He, really crazy, trusted his life
> to water and eternity.

If you have a tiny farm, you need to love poetry more than the farm. If you sell apples, you need to love poetry more than the apples. It's good to settle down somewhere and to love poetry more than either of them.

Lewis Hyde in his great book *The Gift* discusses the nature of the old pre-commercial gift-giving society. The economy of scarcity, he says, is always associated with gift-giving. Olav H. Hauge lived in a gift-giving, pre-communal society all his life. The richness in his small house lay in the handmade spoons and bowls, the wooden reading chair, and the bookcases to which the best poetry from many continents had found its way.

Olav H. Hauge was born in 1908 in Ulvik, a tiny settlement in Hardanger, north of Utne, and he died there eighty-six years later. As a typical younger son in a traditional Norwegian family, he received virtually no land. The older brother got the main farm, and Olav lived all his life on what he could produce from three acres of ground. During his late twenties, he spent some time in a mental institution. At sixty-five, he married the Norwegian artist Bodil Cappelen, whom he met at one of his rare poetry readings. He settled into married life very well, and the house cheered up considerably. He died in the old way; no real evidence of disease was present. He simply did not eat for ten days, and so he died. People who attended his funeral, which took place at a church down in the valley where he had been baptized as a child, describe a service full of feeling and gratitude. A horse-drawn wagon carried his body back up the mountain after the service. Everyone noticed a small colt that ran happily alongside its mother and the coffin all the way.

Robert Bly
2008

The Dream We Carry

I

Havet

Dette var havet.
Sjølve ålvoret,
veldigt og grått.
Men liksom hugen
i einslege stunder
brått opnar
glidande spegelsyn
mot gåtefulle djup—
soleis kan òg havet
ein blå morgontime
opna seg
mot himmel og einsemd.
Sjå, blenkjer havet,
eg har òg stjernor
og blåe djup.

Ocean

This is the ocean.
Vast and gray,
gravity itself.
Yet just as the mind
in solitary moments
suddenly opens
its shifting reflections
to secret depths —
so the ocean
one blue morning
can open itself
to sky and solitude.
See, the ocean gleams,
I, too, have stars
and blue depths.

[R.H.]

Konkylie

Du byggjer di sjel hus.
Og du skrid stolt
i stjerneljoset
med huset på ryggen
liksom snigelen.
Ottast du fåre,
kryp du inn i huset
og er trygg
bak hardt
skal.

Og når du ikkje er meir,
skal huset
stå att
og vitna
um di sjels venleik.
Og di einsemds hav
skal susa
der.

Conch

You build a house for your soul,
and wander proudly
in starlight
with the house on your back,
like a snail.
When danger is near,
you crawl inside
and are safe
behind your hard
shell.

And when you are no more,
the house will
live on,
a testament
to your soul's beauty.
And the sea of your loneliness
will sing deep
inside.

[R.H.]

Seint gjeng sanningi upp

Å vakna, og kjenna
sitt hjarta falla
steintungt og myrkt
mot forherding...

Seint lyfter havet si bylgje,
seint rodnar skog i djuvet,
seint byrjar logane å sleikja i helvete,
seint gjeng sanningi upp...

Slowly the Truth Dawns

To wake, and know
your heart sinks
dark and heavy,
hardening into stone...

Slowly the sea lifts its waves,
slowly the trees turn red in the gorge,
slowly the fires begin to lap in hell,
slowly the truth dawns...

[R.H.]

Gullhanen

Og eg var longo død. Død i mitt skal,
og gol som gullhane i Miklagard.
Eg levde under — høyrde skurr og svar
og streid imot; og holt læt seld sjels gal.

Til draumen skok meg vak ei festgul nott,
so hamen fall og glansen vart til støv:
Eg er i døri heime. Huset søv.
Og barnehjarta slær att sælt og brått.

Eg stend med hand på klinka inn til mor
og far, — ser månen skin på slite golv.
Du vart so lenge? kjem det, utan ord.

Bak rømdi rørde sorgi tungt sin kolv.
So slepte draumen meg. I gullsmidd gjord
for keisaren eg atter gol og svor.

The Gold Rooster

And I was dead a long time. Dead inside my shell,
and I crowed like the golden cock of Constantinople.
I lived beneath — I heard grating sounds and an answer
and fought against — and the cry of the betrayed soul
        sounded hollow.

Then the dream shook me awake one yellow party night,
so skin was cast off and glitter fell to the dust:
I am outside the door at home. The house is asleep
and the child's heart is beating again happily and abruptly.

I stand with my hand on the door to my mother
and father's room — and I see a shine in the worn floor.
"You've been gone so long?" it comes, without words.

Behind the room sorrow touched heavily its clapper.
And then the dream let me loose. In my gold-smelted belt
once more I crowed for the emperor and falsely swore.

[R.B.]

Kom ikkje med heile sanningi

Kom ikkje med heile sanningi,
kom ikkje med havet for min torste,
kom ikkje med himmelen når eg bed um ljos,
men kom med ein glimt, ei dogg, eit fjom,
slik fuglane ber med seg vassdropar frå lauget
og vinden eit korn av salt.

Eg dreg ifrå glaset

Eg dreg ifrå glaset fyrr eg legg meg,
eg vil sjå det levande myrkret når eg vaknar,
og skogen og himmelen. Eg veit ei grav
som ikkje har glugg mot stjernone.
No er Orion komen i vest, alltid jagande —
han er ikkje komen lenger enn eg.
Kirsebærtreet utanfor er nake og svart.
I den svimlande blå himmelklokka

ritar morgonmånen med hard nagl.

Don't Come to Me with the Entire Truth

Don't come to me with the entire truth.
Don't bring the ocean if I feel thirsty,
nor heaven if I ask for light;
but bring a hint, some dew, a particle,
as birds carry drops away from a lake,
and the wind a grain of salt.

[R.B.]

I Open the Curtains

Before I go to bed I open the curtains.
When I wake up I want to see the living dark
and the pines and sky. I know a grave,
but it has no small window to the stars.

Orion has arrived now in the west, hunting, hunting—
he has not come any farther than I have.
The cherry tree outside my window is naked and black.
The sky is a bell, dizzyingly blue, where the hard
fingernail of the new moon is making scratches.

[R.B.]

Kveldskyer

No kjem skyene
med helsingar frå
fjerre kystar,
det er lenge sidan
dei kom med bod til meg.
I bljug rode,
høgt på kveldshimmelen,
det er vel til
ein annan.
So finst det enno
voner til
i verdi.

Evening Clouds

Now the clouds roll in
with greetings from
distant shores.
It's been a long time
since they brought any news for me.
Blushing
high in the evening sky,
it's probably for
someone else.
Well, there's still
hope in this
world.

[R.H.]

Til Li Po

Å verta keisar i Det himmelske riket
lokka deg vel, Li Po.
Men hadde du ikkje heile verdi, skyene og vinden,
og sæla i ditt rus?
Større endå, Li Po, er
å råda med sitt eige hjarta.

To Li Po

To be emperor of the Divine Kingdom
no doubt appealed to you, Li Po.
But didn't you have the whole world, the wind and clouds
and happiness when you were drunk?
Greater still, Li Po, is
to master your own heart.

[R.H.]

Det ryk

Lett og glad stig røyken
frå pipa i skogen
der dei tvo unge bur.

Dei ofrar til ljosmaktene
med gladt hjarta
feit fure,
hard bjørk.

I knipargard er røyken
spinken og tunn:
Skrale tider,
lite vert det
til Gud.

Du ser ikkje
din eigen røyk.
Men eg sat ofte
myrk
som Kain.

Smoke

The smoke floats up lightly
from the chimney where the young couple lives.
Joyfully they offer thick
spruce and hard birch
to the great light-powers.

Where the miser lives the smoke
is spinkly and thin:
Evil times,
not much available
for God.

You never see
your own smoke.
But I sat often
in the dark
like Cain.

[R.B.]

Det er kaldt i store hus

Det er kaldt i store hus.
Eg merkar det um hausten
når dei fyrste flingror snø tek til å falla
og marki hardnar under kulden.
Då er ho stor og aud, mi einsemd,
og gisi under taket,
og hoggi gnell i frosen skog.
Min skog er skog
i hennar skog,
mitt fjell er fjell
i hennar fjell,
og dagen er ein ljoskeglett
i hennar natt.
Dei fåe menneske og dyr eg møter,
som puslar litt i gråljoset med bar og kvist
og set sine far i rimet,
er skuggeskrimsel i hennar draum.

It's Cold in Big Houses

It's cold in big houses.
I notice it in the fall
when the first grains of snow start falling
and fields grow hard in the cold.
Then my loneliness is huge and barren
and leaky under the roof,
and axesounds sharp in the frozen woods.
My forest is forest
in my loneliness's forest,
my mountain is mountain
in her mountain,
and the day is shiny opening
in her night.
The few people and creatures that I meet,
who putter about the dawn carrying branches of pine
            or birch
leaving their tracks in the frosty grass,
are shadowy
glimpses of shadow in her dream.

[R.B.]

Kuppern skrid i Squaw Valley

Eg har òg teke premi på skeisor, eg vart
nummer fire i eit skulerenn då eg var åtte,
etter han Leiv.
Men dei hine hadde stålsette skeisor,
og eg berre jarn.
Eg hadde kjøpt mine hjå urmakaren,
eg tok dei som hadde
største snablane.

Men no skrid Kuppern i Squaw Valley!
Eg har ikkje tenkt å gå nokon 10 000 m,
men ordi fær ein djervare sving,
og ho mor grip fastare um staven.

Kuppern on Skates at Squaw Valley

I also won a prize on skates, I was
number four in a schoolrace
when I was eight, after Leiv, he won.
But they had steel skates,
and I had only iron.
I had bought mine at a watchmaker's,
and I took those
with the big curlicues.

And now in Squaw Valley
Kuppern is winning on skates!
I hadn't planned on the 10,000 meter,
but the words take on a wilder tone
and my mother takes
a fiercer grip on her walking stick.

[R.B.]

Kornåkeren

Eit gamalt tresnitt av Tower Bridge
og eit oljetrykk av ein kornåker.
Andre bilete er det ikkje på avdeling D.

Tower Bridge med sotute tårn yver elvi.
Men det er den kornåkeren eg ser.
Eit gylle hav av korn.

Han er ikkje som andre åkrar. Er det
alle drøymaraugo som har flutt han
inn i sin himmel?

Ein haustblå, mild himmel
utan skurdfolk og ljå.

Barley Field

An old woodcut of the Tower Bridge
and a colored lithograph of a barley field.
There are no other pictures on Ward D.

The Tower Bridge lifts sooty towers above the river.
But it's the barley field I see.
A golden ocean of barley.

It's not like the other grain-fields.
Maybe it's those inward-looking eyes
gone into it so it becomes heaven?

A fall-colored sky, mild,
with no harvesters and no scythes.

[R.B.]

Dette er ikkje nokon armods stad

Dette er ikkje nokon armods stad,
ikkje sorgs hus,
ta hatten av fyrr
du gjeng inn.
Du veit ikkje
kvar kjærleik brenn
og ånd
vaker.
Her les ingen.
Her skriv ingen.
Men Gud finn
det sovande
so vel som
det vakande
hjarta.

This Is Not the Kingdom of the Poor

In the Asylum

This is not the kingdom of the poor,
nor the house of sorrow.
But take your hat off
as you go in.
You have no way of knowing
where love blazes here
and whose spirit
watches.
No one reads here.
No one writes here.
But God
finds the sleeping
and the waking
heart.

[R.B.]

II

Drops in the East Wind (*Dropar i austavind*), 1966

Sanningi

Sanningi er ein skygg fugl,
ein fugl Rokk som
ferdast utanum tidi,
stundom fyre,
stundom etter.
Sume segjer ho
ikkje er til,
dei som har set henne,
tegjer.
Eg har aldri tenkt meg sanningi
som ein husfugl,
men um ho so vore,
kan du godt strjuka henne med fjøri
og ikkje jaga henne upp i ei krå
til ho snur ugleaugo og klør imot deg.
Andre held sanningi for
ei kald knivsegg,
ho er både
yin og yang,
ormen i graset,
og fuglekongen som lettar frå ørni
når ho trur seg høgst.
Eg har òg set
sanningi daud:
augo stod som på ein klaka hare.

Truth

Truth is a shy bird,
like the Roc-bird who
arrives when you don't expect it,
sometimes before,
sometimes after.
Some say she
doesn't exist;
those who have seen her
just keep quiet.
I have never thought of truth
as a house bird,
but if she were
you could certainly stroke her feathers
without closing her up in some corner
till she lifts her eyes and her claws against you.
Others consider truth to be
a cold knife-edge;
she is both
yin and yang,
the snake in the grass,
and the wren lifting off from the eagle
when she thinks herself high enough.
I have also seen
truth when dead:
its eyes looked like the eyes on a frozen rabbit.

[R.B.]

Kvardag

Dei store stormane
har du attum deg.
Då spurde du ikkje
kvi du var til,
kvar du kom ifrå eller kvar du gjekk,
du berre var i stormen,
var i elden.
Men det gjeng an å leva
i kvardagen òg,
den grå stille dagen,
setja potetor, raka lauv
og bera ris,
det er so mangt å tenkja på her i verdi,
eit manneliv strekk ikkje til.
Etter strævet kan du steikja flesk
og lesa kinesiske vers.
Gamle Laertes skar klunger
og grov um fiketrei,
og let heltane slåst ved Troja.

The Everyday

The great storms
are behind you now.
Back then you never asked
why you were or
where you came from, where you were going,
you were simply a part of the storm,
the fire.
But it's possible to live
in the everyday as well,
the quiet gray day,
to plant potatoes, rake leaves,
or haul brush.
There's so much to think about here in this world,
one life's not enough.
After work you can roast pork
and read Chinese poetry.
Old Laertes cleared brambles
and hoed around his fig trees,
and let the heroes battle it out at Troy.

[R.H.]

Me sigler ikkje same havet

Me sigler ikkje same havet,
endå det ser so ut.
Grovt timber og jarn på dekk,
sand og sement i romet,
djupt ligg eg, seint sig eg,
stampar i broddsjø,
uler i skodde.
Du sigler i ein papirbåt,
og draumen ber der blå seglet,
so linn er vinden, so var er bylgja.

We Don't Sail the Same Sea

We don't sail the same sea,
though it looks the same.
Rough timber and iron on deck,
sand and cement in the hold,
I ride low, plunge
headlong through breakers,
wail in fog.
You sail in a paper boat,
your dream fills its blue sail,
so soft is the wind, so gentle the wave.

[R.H.]

Det er ikkje so fårleg

Det er ikkje so fårleg
um grashoppa skjerper ljåen.
Men når tussalusi kviskrar,
skal du akta deg.

Rullestein

Det var då ein merkeleg stad
å leggja seg til på,
på eit slæskarv, på bikk
frampå stupet.
Vyrder du ikkje sigeren din?

There Is Nothing So Scary

There is nothing so scary
about grasshoppers sharpening scythes.
But when the troll's flea whispers,
be careful.

[R.B.]

Erratic Boulder

What an extraordinary place
to settle on,
on a ledge, poised
on the brink.
Don't you value your own success?

[R.H.]

Yver hengjemyri

Det er rotstokkane av alle trei som har stupt
uti her, som gjer du kan gå
trygt yver myri.
Slike stokkar held seg lenge, dei kan
ha lege her i hundratals år,
og endå er det eit morke skrimsel
att av dei under mosen,
dei er enno med og ber
so du kjem frelst yver.
Og når du skyv ut på fjellvatnet,
kjenner du at minnet um den kaldingen
som drukna seg her ein gong,
er med og ber den skrale pråmen.
Han, den galningen, trudde livet sitt
til vatnet og æva.

Across the Swamp

It is the roots from all the trees that have died
out here, that's how you can walk
safely over the soft places.
Roots like these keep their firmness, it's possible
they've lain here centuries.
And there are still some dark remains
of them under the moss.
They are still in the world and hold
you up so you can make it over.
And when you push out into the mountain lake, high
up, you feel how the memory
of that cold person
who drowned himself here onc day
helps hold up your frail boat.
He, really crazy, trusted his life
to water and eternity.

[R.B.]

Ogmund rid heim

Du kunde godt venda heim.
Ingen jorsalfar hadde lenger veg.
Stengd av drivis i Kvitehavet.
Lange var elvane i Russland.
Med askespjot frå Spånheim
stod de ved Jeriko.

No rid du heim yver sletta i Ungarn.
Kveldsoli skin,
og vinden helsar frå nord.
Då ser du skautet på Vassfjøro.
Tårone dryp under hjelmen.

Ogmund Riding Home

Haakon Haakonson's Saga

You could just as well ride home.
No Crusader ever had such a long way.
The drift ice in the White Sea trapped you.
The Russian rivers were so long!
You stood at Jericho with an ash-spear
you brought from Ulvik.

You're riding back now through wide
Hungarian plains. Bright evening sun,
and the wind from the north says hello.
It's when you see the mountains above Ulvik—
the Wife's White Headdress—
that tears flow inside your helmet.

[R.B.]

Eg stend eg, seddu

Eg stend eg, seddu.
Eg stod her i fjor òg eg, seddu.
Eg kjem til å stå her eg, seddu.
Eg tek det eg, seddu.
Du veit ikkje noko du, seddu.
Du er nyss komen du, seddu.
Kor lenge skal me stå her?
Me fær vel eta, seddu.
Eg stend når eg et òg eg, seddu.
Og kastar fatet i veggen.
Me fær vel kvila, seddu.
Me fær vel sova, seddu.
Me fær vel pissa og skita òg, seddu.
Kor lenge skal me stå her?
Eg stend eg, seddu.
Eg tek det eg, seddu.
Eg kjem til å stå her, eg, seddu.

I Stand Here, Do You Understand

I stand here, do you understand.
I stood here last year too, do you understand.
I am going to stand here too, do you understand.
I take it too, do you understand.
There's something you don't know, do you understand.
You just got here, do you understand.
How long are we to stand here, do you understand?
We have to eat too, do you understand.
I stand when I eat too, I do that, do you understand.
And throw the plates at the wall.
We have to rest too, do you understand.
We have to piss and shit too, do you understand.
How long are we to stand here?
I stand all right, do you understand.
I take it too, do you understand.
I'm going to stand here, do you understand.

[R.B.]

Til minne um gamle Vamråk

Kvar morgon stod han upp i cella og song.
Dei kunde ha stengt han inne i ei tomtunne,
han vilde likevel ha prisa Gud gjenom spunsholet.

To the Memory of Old Vamråk

Every morning he stood up in his cell and he sang.
They could have locked him up in an empty barrel,
he would still have praised God through the bunghole.

[R.B.]

På høgdi

Etter lang vandring på uframkomelege vegar
er du uppe på høgdi.
Motgangen kuva deg ikkje, du trødde han
under deg, steig høgare.

Slik ser du det. Etter at livet har slengt deg
frå seg og du slumpa til å hamna ovanpå,
lik ein einføtt trehest på sorpdungen.
Livet er miskunnsamt, det blindar og synkverver
og lagnaden akslar byrdene dine:
Dårskap og ovmod vert berg og blautmyrar,
hat og agg vert sår etter piler frå ovundsmenn,
og tvilen som grov oss, vert
kalde utturka gjel.

Du gjeng inn i bui.
På gruvesteinen ligg gryta kvelvd
og sprikjer fiendsleg med svarte føter.

Up on Top

After stumbling a long time over impossible trails
you are up on top.
Hardship didn't crush you, you trod it
down, climbed higher.

That's how *you* see it. After life had tossed you
away, and you ended up on top
like a one-legged wooden horse on a dump.
Life is merciful, it blinds and provides illusions,
and destiny takes on our burden:
foolishness and arrogance become mountains and
            marshy places,
hate and resentment become wounds from cnemy arrows,
and the doubt always with us becomes cold, dry,
rocky valleys.

You go in the door.
The pot lies upside down in the hearth,
it sprawls with hostile black feet.

[R.B.]

Eit ord

Eit ord
—ein stein
i ei kald elv.
Ein stein til—
Eg må ha mange steinar
skal eg koma yver.

Lat meg gjera som tordivelen

Sorgene legg seg yver meg
og klemmer meg ned i ei varm boslege.
Lat meg likevel røra på meg,
prøva kreftene, letta på torvone—
lat meg gjera som tordivelen
når han ein vårdag grev seg ut or mykdungen.

One Word

One word
—one stone
in a cold river.
One more stone—
I'll need many stones
if I'm going to get over.

[R.B.]

Let Me Be Like the Dung Beetle

Sorrow has settled over me
and weighs me down in a warm straw bed.
Let me at least move,
test my strength, lift this slab of sod—
let me be like the dung beetle
in spring when it digs itself out from the dung heap.

[R.H.]

Vinteren har gløymt att

Vinteren har gløymt att kvite kyr i fjellet,
der beiter dei i grøne hall.
Men vårsoli og graset er for sterke,
dei magrast for kvar dag.

Vintermorgon

Då eg vakna i dag, var rutone tilfrosne,
men eg glødde av ein god draum.
Og omnen slo varme ut i romet
frå ein kubbe han hadde godna seg med um natti.

Winter Has Left Behind

Winter has left behind white cows on the mountain,
and they graze there on the green slope.
But the grass and spring sun are too strong,
and the herd grows thinner every day.

[R.H.]

Winter Morning

When I woke this morning the panes were frosted over,
but I glowed from a good dream.
And the stove poured out its warmth
from a wood block it had enjoyed the whole night.

[R.B.]

Og eg var sorg

Og eg var sorg og heldt til i ei hole.
Og eg var ovmod og bygde attum stjernone.
No byggjer eg i næraste treet,
og um morgonen når eg vaknar,
trær fura gull på nåli.

Du var vinden

Eg er ein båt
utan vind.
Du var vinden.
Vat det den leidi eg skulde?
Kven spør etter leidi
når ein har slik vind!

And I Was Sorrow

And I was sorrow and lived in a cave.
And I was pride and built beyond the stars.
Now I build in the nearest pine,
and each morning when I wake
it threads its needles with gold.

[R.H.]

You Are the Wind

I am a boat
without wind.
You were the wind.
Was that the direction I wanted to go?
Who cares about directions
with a wind like that!

[R.B.]

I hønsegarden

I hønsegarden skal du
halda deg undan
hanen og gromhøna,
blunk ikkje,
lyft ikkje fot!
Berre eit nikk frå deg
er eit ormebit.

Ljåen

Eg er so gamal
at eg held meg til ljå.
Stilt syng han i graset,
og tankane kan gå.
Det gjer ikkje vondt heller,
segjer graset,
å falla for ljå.

In the Chicken Yard

In the chicken yard,
stay clear of
the rooster and the boss hen.
Don't blink,
don't budge a muscle!
Just a nod
is a snake bite.

[R.H.]

Scythe

I'm so old
I keep to the scythe.
Quietly it sings in the grass,
and my mind wanders.
It doesn't hurt at all,
says the grass,
to fall under the scythe.

[R.H.]

Bertolt Brecht

Bertolt Brecht var ein mangslungen kar.
Dramatikar, skodespelar, diktar.
Verseformi hans var tiltrøyvi,
ho stod på dørhella
som eit par tresko.

Vers

Kan du gjera eit vers
som ein bonde tykkjer mun i,
skal du vera fornøgd.
Ein smed vert du aldri klok på.
Verst å gjera til lags er ein snikkar.

Bertolt Brecht

Bertolt Brecht was a complicated man.
Playwright, actor, poet.
His meter was easy to get hold of.
It stood on the stoop
like a pair of wooden shoes.

[R.B.]

Poem

If you can make a poem
a farmer finds useful,
you should be happy.
A blacksmith you can never figure out.
The worst to please is a carpenter.

[R.H.]

Gamal diktar prøver seg som modernist

Han med fekk hug å prøva
desse nye styltrone.
Han har kome seg upp,
og stig varsamt som ein stork.
Underleg, so vidsynt han vart.
Han kan endåtil telja sauene til grannen.

Eg har tri dikt

Eg har tri dikt,
sa han.
Seg telja dikti.
Emily kasta dei
i ei kiste, eg
kan ikkje tru ho talde dei,
ho sprette berre ein tepakke
og skreiv eit nytt.
Det var rett. Eit godt dikt
skal lukta av te.

Eller av rå mold og nykløyd ved.

The Old Poet Tries His Hand
at Being a Modernist

He, too, wanted to try
these new stilts.
He's gotten himself up,
and strides carefully like a stork.
Strange, how farsighted he is.
He can even count his neighbor's sheep.

[R.H.]

I Have Three Poems

I have three poems,
he said.
Who counts poems?
Emily tossed hers
in a trunk, I
doubt if she counted them,
she simply opened another tea bag
and wrote a new one.
That was right. A good poem
should smell of tea.
Or of raw earth and freshly cut wood.

[R.H.]

I dag såg eg

I dag såg eg
tvo månar,
ein ny
og ein gamal.
Eg har stor tru på nymånen.
Men det er vel den gamle.

I dag kjende eg

I dag kjende eg
at eg hadde laga eit godt dikt.
Fuglane kvitra i hagen då eg kom ut,
og soli stod blid yver Bergahaugane.

Today I Saw

Today I saw
two moons,
one new
and one old.
I have a lot of faith in the new moon.
But it's probably just the old.

[R.H.]

Today I Understood

Today I understood
that I had made a good poem.
The birds called in the orchard as I came out,
and the sun stood there mild over the Bergafjell.

[R.B.]

Grøne eple

Sumaren var kald og regnfull.
Epli vart grøne og flekka av skurv.
Men eg plukkar og sorterar
og stapler kassane i kjellaren.
Grøne eple er betre enn inkje.
Bygdi ligg på 61° breidd.

Klunger

Rosone har dei sunge um.
Eg vil syngja um tornane
og roti, — ho klengjer seg
hardt um berget, hard som
ei mager gjentehand.

Green Apples

Summer was cold and rainy.
The apples are green and flecked with scurf.
But I pick and sort
and stack crates in the cellar.
Green apples are better than nothing.
This farm lies latitude 61° north.

[R.H.]

Briar Rose

The rose has been sung about.
I want to sing of the thorns,
and the root — how it grips
the rock hard, hard
as a thin girl's hand.

[R.H.]

Det er den draumen

Det er den draumen me ber på
at noko vedunderleg skal skje,
at det må skje—
at tidi skal opna seg
at hjarta skal opna seg
at dører skal opna seg
at berget skal opna seg
at kjeldor skal springa—
at draumen skal opna seg,
at me ei morgonstund skal glida inn
på ein våg me ikkje har visst um.

This Is the Dream

This is the dream we carry through the world
that something fantastic will happen
that it has to happen
that time will open by itself
that doors shall open by themselves
that the heart will find itself open
that mountain springs will jump up
that the dream will open by itself
that we one early morning
will slip into a harbor
that we have never known.

[R.B.]

III

Ask the Wind (*Spør vinden*), 1971

T'ao Ch'ien

Kjem T'ao Ch'ien
på vitjing ein dag, vil eg
syna han kirsebærtrei og aplane mine,
eg vil helst han skal koma um våren
når dei stend i blom. Etterpå skal me sitja i skuggen
med eit glas sider, kanskje kan eg syna han
eit dikt — um eg finn eitt han likar.
Drakane som skyt yver himmelen med gift og røyk
        etter seg
gleid stillare i hans tid, og fleire fuglar kvitra.
Her er ingen ting han ikkje vil forstå.
Meir enn fyrr har han hug å draga seg attende
til ein slik hageflekk.
Men eg veit ikkje um han gjer det med godt samvit.

T'ao Ch'ien

If T'ao Ch'ien
comes to visit someday, I will
show him my cherry and apple trees.
I hope he'll come in the spring
when they're all in bloom. Then we'll relax in the shade
over a glass of cider, perhaps I'll show him
a poem — if I can find one he'd like.
The dragons that pass across the sky trailing smoke
          and poison
flew quieter in his day, and more birds sang.
There's nothing here he wouldn't understand.
More than anything he'd want to get away
to a small garden like mine.
But I'm not sure his conscience would let him.

                                        [R.H.]

Tid å hausta inn

Desse milde soldagane i september.
Tid å hausta inn. Enno er det tuvor
med tytebær i skogen, njupone rodnar
langs steingardane, netene losnar,
og svarte klasar av bjønnbær skin i kjerri,
trasti leitar etter dei siste vinbæri,
og kvefsen syg ut dei søte plomone.
I kveldingi set eg stigen burt og hengjer
laupen frå meg i skuret. Skrinne bredar
har alt ei tunn breidsle av nysnø.
Etter eg er lagd, høyrer eg dunk av brislingfiskarane,
dei gjeng ut. All natti veit eg dei glid
med sterke ljoskastarar og leitar yver fjorden.

Harvest Time

These calm days of September with their sun.
It's time to harvest. There are still clumps
of cranberries in the woods, reddening rosehips
by the stone walls, hazelnuts coming loose,
and clusters of blackberries shine in the bushes;
thrushes look around for the last currants
and wasps fasten on to the sweetening plums.
I set the ladder aside at dusk, and hang
my basket up in the shed. The glaciers
all have a thin sprinkling of new snow. In bed
I hear the brisling fishermen start their motors
and go out. I know that they'll pass the whole night
gliding over the fjord behind their powerful searchlights.

[R.B.]

Ir

Det er ir i alt no: ir i solskinet,
ir i stjernone, ir i marki, ir
i graset, ir i kvefsebóli, ir
i kvinnfolk og karar, ir
i bilar, fly og ledningar,
ir i omnen,
ir i kaffikjelen,
ir i katten —
ir, ir, ir,
det er ir
i alt ein tek i,
påstår Olai.
Difor stend han i gummistøvlar
og grev seg ned
på blåleire og kaldvatn.

Daudt tre

Skjori har flutt,
ho byggjer ikkje i daudt tre.

Anxiety

There's nervous energy in everything now: anxiety in
        the sunlight,
anxiety in the stars, anxiety in the earth, anxiety
in the grass, the hornets' nest, tension
in both men and women, friction
in cars, planes, and wires,
a charge in the stove,
the coffeepot,
the cat —
jolt, jolt, jolt,
there's current
in everything one touches,
Olai claims.
That's why he stands in rubber boots,
digging himself down
to the blue clay, the cold water.

[R.H.]

Dead Tree

The magpie has moved on,
she refuses to build in the dead tree.

[R.H.]

Lauvhyttor og snøhus

Det er ikke mykje med
desse versi, berre
nokre ord, røysa saman
på slump.
Eg synest
likevel
det er gildt
å laga dei, då
har eg som eit hus
ei liti stund.
Eg kjem i hug lauvhyttone
me bygde
då me var sma:
krjupa inn i dei, sitja
og lyda etter regnet,
vita seg einsam i villmarki,
kjenna dropane på nasen
og i håret —
Eller snøhusi i joli,
krjupa inn og
stengja etter seg med ein sekk,
kveikja ljos, vera der
i kalde kveldar.

Leaf Huts and Snow Houses

These poems don't amount
to much, just
some words thrown together
at random.
And still
to me
there's something good
in making them, it's
as if I have in them for a little
while a house.
I think of playhouses
made of branches
we built when we were children:
to crawl into them, sit
listening to the rain,
in a wild place alone,
feel the drops of rain on your nose
and in your hair —
or snow houses at Christmas,
crawl in and close it after us
with a sack,
light a candle, be there
through the long chill evenings.

[R.B.]

Les Lu Chi og lag eit dikt

Les Lu Chi og lag eit dikt.
Han segjer ikkje korleis det skal vera.
Mange hadde måla ei eik fyrr.
Likevel måla Munch ei eik.

Read Lu Chi and Make a Poem

Read Lu Chi and make a poem.
He doesn't say how it should be done.
Many had painted oaks before.
Nevertheless Munch painted an oak.

[R.H.]

Eg ser du har lært

Eg likar
at du
brukar
få ord,
få ord og
stutte setningar
som driv
i ei skurbye
nedetter sida
med ljos og luft
imillom.
Eg ser du har lært
å rigla upp
eit vedlad i skogen,
godt å leggja det
i høgdi
so det turkar;
legg ein det lågt og langt,
ligg veden og røytest.

I See You've Learned

I like
how you
use
few words,
few words and
short sentences
that drift
in a fine rain
down the page
with light and air
between.
I see you've learned
to make
a woodpile in the forest,
good to stack it
tall
so it can dry;
build one too long and low,
the wood will just sit there and rot.

[R.H.]

Eit dikt kvar dag

Eg vil skriva eit dikt kvar dag,
kvar dag.
Det må då vera liketil.
Browning greidde det lenge, endå
han rima og
slo takti
med buskute augnebryn.
Altso, eit dikt kvar dag.
Eitkvart sviv ein,
eitkvart hender,
eitkvart legg ein merke til.
— Eg stend upp. Det ljosnar.
Har gode forset.
Og ser dompapen lettar or kirsebærtreet
der han stel knupp.

One Poem a Day

I'll write one poem a day,
every day.
That should be easy enough.
Browning did it for a while, though
he rhymed and
beat time
with his bushy eyebrows.
So, one poem a day.
Something strikes you,
something occurs,
something catches your eye
—I get up. It's lighter.
Have good intentions.
And see the bullfinch rise from the cherry tree,
stealing buds.

[R.H.]

Den gamle diktaren har laga eit vers

Den gamle diktaren har laga eit vers.
Og han er glad, glad som ei siderflaske
når ho um våren har sendt
ei buble frisk kolsyre upp
og er um å sprengja korken.

I Parkerpennen

I Parkerpennen er mange vers, ein heil kilometer,
og i blekkhuset er endå fleire,
mange mil. Papir
kjem i posten, rekningar, reklame, skjema
som skal fyllast ut.
Eg ser framtidi trygt i møte.

The Old Poet Has Made a Line

The old poet has made a line.
And he's happy, happy as a cider bottle
in spring after it's sent
a fresh bubble up
and is about to pop its cork.

[R.H.]

In the Parker Pen

In the Parker pen are many poems, a whole kilometer,
and in the inkwell even more,
mile after mile. Papers
arrive in the mail, bills, advertisements, forms
to be filled out.
I go confidently into the future.

[R.H.]

Kald dag

Soli knip auga att
bak ein rimut fjellgard.
Gradestokken
kryp ned og
ned—
varmen i ein
samlar seg
i ei liti
grop.
Eg sparer på veden,
gjer verset stutt.

Midvinter. Snø

Midvinter. Snø.
Eg gjev fuglane ei brødskorpe.
Og søv ikkje ringare for det.

Cold Day

The sun squints hard
behind the glacial crag.
The mercury
crawls lower
and lower —
one's warmth
collects
in a small
pocket.
I stock firewood,
keep my poem short.

[R.H.]

Midwinter. Snow

Midwinter. Snow.
I gave the birds a piece of bread.
And it didn't affect my sleep.

[R.B.]

Snømenner i grøn hå

Ingen hadde venta snøen so tidleg.
Ungane drog ut kjelkar, laga snømenner, bygde hus.
I dag er det sol og mildt att. Snømennene
stend att åleine og græt i grøn hå.

Her har eg butt

Her har eg butt meir enn ein mannsalder.
År med vind og stjernor i høg rigg
har siglt framum.
Tre og fuglar har slege seg til her,
men eg har ikkje roa meg.

Snowmen in the Green Hayfield

No one had expected snow so early.
Kids dragged out their sleds, made snowmen, built forts.
Today it's warm and sunny again. The snowmen
stand alone, weeping, in the green hayfield.

[R.H.]

I Have Lived Here

I have lived here more than a generation.
Years with wind and stars in the high rigging
have sailed by.
Trees and birds have settled in,
but I have not.

[R.H.]

Eg ser på stempelen på fyrste brevet ditt

Eg ser på stempelen på fyrste brevet ditt.
Det er alt ein månad sidan det kom.
Etter den tid har du heimsøkt huset,
lokka meg, søkt meg, skift
frå Ate til grøn erinnye.
I dag fekk eg biletet ditt:
Ei bleik gjente sit åleine på nokre stokkar
attmed ein myrknande sjø.

Eg siktar litt yver

Ei pil som skal råka, kan ikkje gjera
mange krokar. Men ein god skyttar
reknar med fråstanden og vinden.
So når eg siktar på deg, siktar eg litt yver.

I Look at the Stamp

I look at the stamp on your first letter.
It's a month or more since it came.
During that time you've haunted this house,
called to me, frightened me, changed
from Ate to a green Erinys.
Today I got your photograph:
it is a girl sitting alone on some logs
near the darkening lake.

[R.B.]

I Aim a Little Higher

For an arrow to strike, it can't make
much of an arc. Still, a good hunter
allows for wind and distance.
So when I aim at you, I aim a little higher.

[R.H.]

Enno rid du ved sida

Enno rid du
ved sida
med soleld
i fakset,
gneistar og hovslag
kling
i dølne fjell —
enno rid du
ved sida
i regnet
og vinden
som tetnar
kring stigen
som hallar
og hallar —
ned ber det, til botns ber det,
eg veit ikkje meir, og haustmyrkret fell.

You Ride On Still

You ride on still
at my side,
the setting sun
in the mane,
sparks and hoofsounds
ring out
through the secluded mountain —
you ride on still
at my side,
through rain falling
in the wind
that stiffens
on this trail
that slants down
steeper and steeper —
it goes down, it keeps going straight to the bottom,
this is all I know, and the autumn night comes down.

[R.B.]

Ikkje bil, ikkje fly

Ikkje bil,
ikkje fly —
anten ein høyslede
eller ei skranglekjerre
— eller eldvogni til Elias!

Du kjem ikkje lenger enn Basho.
Han rakk fram til fots.

Eg ser på ein gamal spegel

Framsida spegel.
Baksida eit bilete av Edens hage.

Eit underleg påfunn
av den gamle glasmeisteren.

Not by Car, Not by Plane

Not by car,
not by plane—
by neither haysled
nor rickety cart
—or even by Elijah's fiery chariot!

You'll never get farther than Bashō.
He got there by foot.

[R.H.]

Looking at an Old Mirror

The front a mirror.
The back a picture of the Garden of Eden.

A strange find
of the old master of glass.

[R.B.]

Frå krigsdagane

Ei kule datt ned på golvet i gangen.
Eg vog henne i handi.
Ho hadde gjenge gjenom glaset og
tvo timbervegger.
Eg tvila ikkje på at ho kunde drepa.

Desembermånen 1969

Han løyner stålet
i ei slire av sylv.
Det er blod på eggi.

From the War

A bullet skittered to rest on the hall floor.
I weighed it in my hand.
It had gone through glass and
two timbered walls.
I had no doubt it could kill.

[R.H.]

December Moon 1969

It hides its steel
in a silver sheath.
On the edge there is blood.

[R.B.]

Dyregrav

Berre ei grop
i lendet no,
attsokki,
stein har rasa nedi,
mold og lauv
har øyrt
henne upp.
Du stoggar litt,
det er ikkje noko
å hefta seg ved,
ei reinsklauv
vil snautt
snåva i henne
— ikkje no.

Animal Grave

Just a hollow
in the ground now,
sunk down,
stones have covered it over,
earth and leaves
have filled it
in.
You pause a moment,
it's hardly
worth noticing,
a deer hoof
would barely
trip over it
— not now.

[R.H.]

IV

Fjell lokkar ikkje meg lenger

Fjell lokkar ikkje meg lenger.
Eg har levt lenge nok millom kalde bredar.
Enno leitar eg meg fram i skogane, lyder
til haustvinden, stoggar ved tjørnane,
fylgjer elvane. Endå seint på året
kan du finna bær der.
Fjell lyt du yver skal du koma lenger.
Nutane fær stå der dei stend til méd.

Mountains Don't Attract Me Anymore

The mountains don't attract me anymore.
I've lived long enough between cold snowfields.
I still find my way in the woods, listen
to fall wind, and stop at the forest ponds,
engage with streams. Even late in the year
you can find good berries there.
You have to cross mountains if that's not enough.
Peaks stand there, so you know where you are.

[R.B.]

Mange års røynsle med pil og boge

Det er den svarte prikken
midt i skiva du skal treffa,
nett den, der
skal pili stå og dirra!
Men nett der treffer du ikkje.
Du er nær, nærare,
nei, ikkje nær nok.
So lyt du gå og plukka upp pilene,
gå tilbake, prøva på nytt.
Den svarte prikken tergar deg.
Til du forstår pili
som stend der og dirrar:
Her er òg eit midtpunkt.

Years of Experience with Bows and Arrows

What you are supposed to hit
is the bull's-eye, that black spot,
that precise spot, and the arrow
is supposed to stand there quivering!
But that's not where the arrow goes.
You get close to it, closer and closer;
no, not close enough.
Then you have to go out and pick up all the arrows,
walk back, try it again.
That black spot is highly annoying
until you finally grasp
that where your arrow stands quivering
is also the center of something.

[R.B.]

Ny duk

Ny gul duk på bordet.
Og nye kvite ark!
Her må då ordi koma,
her som er so fin duk
og so fint papir!
Isen la seg på fjorden,
so kom fuglane og sette seg.

Til Bodil som sende meg ei plate med Bach og Händel

Kva hadde Wang Wei gjort um du hadde
sendt han ei plate med Bach og Händel?
Han hadde spela sonatone uppatt og uppatt
i hytta si ved Wang-elvi i Chungnan
og drøymt seg burt til sine kvite skyer.
Etterpå hadde han laga eit dikt og sendt deg.
Det hadde ikkje berre gledt deg men ettertidi òg.
Mitt dikt vert det berre du Bodil som les.

New Tablecloth

A new tablecloth, yellow!
And fresh white paper!
Words will have to arrive,
because the cloth is so fine
and the paper so delicate!
When ice forms on the fjord, we know
birds do come and land on it.

[R.B.]

For Bodil Who Sent Me a Record of Bach and Handel

What would Wang Wei have done if you had
sent him a record of Bach and Handel?
He would've played the sonatas again and again
in his hermitage on the Wang River in Chungnan
and dreamed himself away to his white clouds.
He then would've made a poem and sent it to you.
It not only would've delighted you but also posterity.
My poem, it will be read only by you, Bodil.

[R.H.]

Svevn

Lat oss glida inn
i svevnen, i den
logne draumen,
glida inn—tvo
deigemne i den
gode bakaromnen
som heiter natt.
Og so vakna
um morgonen
tvo gylne
kveitekakor!

The Dream

Let us slip into
sleep, into
the calm dream,
just slip in — two bits
of raw dough into the
good oven
that we call night,
and so to awake
in the morning as
two sound
golden loaves!

[R.B.]

Eg stoggar under ein lyktestolpe ein kveld det snøar

til Ernst Orvil på 80-årsdagen

Endeleg, der ser eg
   den einslege stolpen
      i vegskiftet, han

held trufast upp
   regnhatten av ljos
      i snøkvelden.

Eg stoggar, endå eg ikkje har
   noko kjærleiksbrev
      eg plent

skulde ha lese, synest berre
   det er rart
      å stogga her

under ljoshatten sidan
   det snøar so,
      sjå flokane

kor dei sviv
   ei liti stund
      i ljosringen,

fyrr dei kverv
   i myrkret att eller
      dett stilt ned.

Og kring meg i myrkret
   snøar og snøar det.

I Stop under a Lamppost on a Snowy Evening

for Ernst Orvil on his eightieth birthday

There, at last, I see
    the solitary lamppost
        at the crossroads

holding its umbrella
    of light steady
        in the snowy evening.

I stop, though I have
    no love letter
        begging

to be read. It just
    seems strange
        to pause here

under this lamp,
    in such heavy snow,
        and watch the flakes

float awhile
    through the bright
        halo of light

before they swirl back
    into the dark or
        drift quietly down.

And around me in the night
    it keeps on snowing.

[R.H.]

Bruvekti

Det er den gamle bruvekti
som er det viktigaste
på bui her
(og so eg sjølv då),
difor har ho plassen sin
midt på golvet, det
er ho som slær fast
tyngdi og avgjer
kva frakti vert.
Rett nok kjenner eg
når eg tek i kassar og sekker
kor tunge dei er,
men dei lyt på vekti
so ho fær segja sitt.
Me tingar oss imillom
med eg set på loddi,
og vert som oftast
samde, — ho vippar,
eg nikkar,
og me segjer
det stemmer, — me
tek det ikkje so på grammet.
Vekti er rusta, og eg
er stiv i ryggen av gikt,
som vel er, er loddi lettare
enn det eg veg.
Stundom merkar eg at folk tvilar på
um eg veg rett.

The Big Scales

It is the old-time weights
that are the significant things
in the weighing room
(along with myself).
That's why they've gotten their spot
in the middle of the floor — it is
they who
weigh and decide
what the freight charge will be.
I have a good sense
when I handle sacks and crates of apples
how heavy they are,
but they have to go onto the scales
so the scales can have their opinion.
We bargain — the two of us:
I add weights;
we mostly reach
agreement — they tip,
I nod,
and we both say,
"That's it." — We
don't bother much with ounces.
The scales are rusted, and I
am stiff in my back
and that's okay, the weights are lighter
than the thoughts I am weighing.
Sometimes I notice that people have doubts
if my figures are right.

Folk er rare.
Skal dei selja noko,
skal det vera tungt,
skal dei senda noko,
skal det vera lett.
Skrivaren var inne her ein dag,
han furda òg på vekti, kom vel
i hug det han sjølv
har å vega.
«Det er ingi apotekarvekt,» sa eg,
men tenkte helst på ei vekt eg såg
hjå ein gullsmed ein gong,
han vog gullstøv
med pinsett.
Eg har elles ofte tenkt på det
ein skrivar har å vega:
Rett og urett,
straff og bøter,
liv og lagnader.
Kven justerar
dei loddi,
den vekti?

People are odd.
If they sell something
they want it heavy;
if they ship it
they want it light.
A judge came here one day;
he also brooded about scales, probably
thinking what things he
has to weigh.
"These aren't pharmacist's scales," I said,
but I really was remembering scales I once
saw at a goldsmith's shop.
He weighed gold dust
using tweezers.
I've thought also of what
a judge has to weigh:
right and wrong,
sentences and fines,
life and destiny.
Who checks over
those weights
and those scales?

[R.B.]

Når det kjem til stykket

År ut og år inn har du site bøygd yver bøkene,
du har samla deg meir kunnskap
enn du treng til ni liv.
Når det kjem til stykket, er det
so lite som skal til, og det vesle
har hjarta alltid visst.
I Egypt hadde guden for lærdom
hovud som ei ape.

When All Is Said and Done

Year in, year out, you've bent over books.
You've gathered more knowledge
than you'd need for nine lives.
When all is said and done,
so little is needed, and that much
the heart has always known.
In Egypt the god of knowledge
had the head of an ape.

[R.H.]

Fjell er tunge å flytta på

Fjell er tunge å flytta på,
eikeroti seig å rikka,
kven vågar seg i kast
med dei store sakene i verdi?
Uksar og elefantar ber dei på ryggen
lange vegar, ørnar flengjer ut
blodige stykke og fyk
til ufser og avgrunnar,
ulvane rivst um dei,
revane har dei til åte,
flugone skit dei til,
skjori stel sylvet,
ormen ber kruna.

Mountains Are Hard to Move Around

Mountains are hard to move around.
The roots of oaks pull back,
who dares to tackle
the great problems of the world?
Oxen and elephants hold them on their backs
on lonely trips, eagles rip out
bloody pieces and fly off
to steep places and valleys.
Wolves fight over them,
the foxes shit on them.
The crows steal the silver,
the snake wears the crown.

[R.B.]

Kor lenge har du sove?

Dette vågar du,
slå augo opp
og sjå deg ikring?
Jau, du er her,
her i denne verdi,
du drøymer ikkje,
ho er slik du
ser henne, tingi her
er slik.
Slik?
Ja, nett slik,
ikkje onnorleis.
Kor lenge har du sove?

How Long Did You Sleep?

Dare you do this—
open your eyes
and look around?
Yes, you're here,
here in this world,
you're not dreaming,
it's just as
you see it, things here
are like this.
Like this?
Yes, just like this,
not otherwise.
How long did you sleep?

[R.H.]

Til fingrane

Å, de fingrar,
kor ofte lyt de ikkje
træla for ein kald hjerne
og ein daud kropp!
Dersom eg ikkje skreiv
fyrr de tek til å kviskra,
kor gode vilde ikkje dikti verta!
Når de tek til å tala med eldtungor!

To My Fingers

Oh, you fingers,
how many hours you've had
to slave for a cold brain
and a dead body!
And if I didn't write then
you would take to whispering.
Didn't the poems become good then!
When you were speaking with tongues of fire!

[R.B.]

Eg passerar polarsirkelen

Ein mann på toget peikar på steintårni i fjelli, me
passerar polarsirkelen, segjer han.
For det fyrste merkar me ikkje nokon skilnad,
landet er det same nordanfor,
men me veit kva me gjeng mot.
Eg hadde ikkje fest meg ved denne vesle hendingi,
um eg ikkje ein av dagane hadde passert dei 70.

I Pass the Arctic Circle

A man on the train points out the cairn on the mountain.
We're passing the Arctic Circle, he says.
At first we don't see any difference,
to the north the land looks the same,
but we know where we're headed.
I wouldn't have noticed this little event
if I hadn't, one of these days, passed seventy.

[R.H.]

Teppet

Vev meg eit teppe, Bodil,
vev det av syner og draumar,
vev det av vind—
Slik at eg, som beduinen, kan
breida det ut når eg bed,
sveipa det um meg
når eg søv,
og kvar morgon ropa:
Bord duka er!
Vev det til
ei kappe
i kulden,
til eit segl
på min båt!
—Ein dag skal eg setja meg på teppet
og sigla burt på det
til ei onnor verd.

The Carpet

Weave a carpet for me, Bodil,
weave it from dreams and visions,
weave it out of wind,
so that I, like a Bedouin, can
roll it out when I pray,
pull it around me
when I sleep,
and then every morning cry out,
"Table, set yourself!"
Weave it
for a cape in cold weather,
and a sail
for my boat!
One day I will sit down on the carpet
and sail away on it
to another world.

[R.B.]

About the Author

OLAV H. HAUGE is among Norway's most distinguished poets of the twentieth century. During a writing career that spanned nearly fifty years, he produced seven books of poetry, five collections of translations of French, German, and English literature, and five volumes of diaries. A largely self-educated man, he was born in 1908 and earned his living as a farmer, orchardist, and gardener on a small plot of land near his birthplace of Ulvik, a village in the Hardangerfjord region of western Norway. Olav H. Hauge died in 1994.

About the Translators

ROBERT BLY was born in Madison, Minnesota, and educated at St. Olaf College, Harvard, and the University of Iowa. One of the most influential poets, translators, editors, and publishers of his generation, he is the author of numerous volumes of poetry, including *Silence in the Snowy Fields, The Light Around the Body, Eating the Honey of Words: New and Selected Poems,* and *My Sentence Was a Thousand Years of Joy.* He has also published three books of commentary on cultural matters—*Iron John, The Sibling Society,* and *The Maiden King*—as well as several collections of translations, including *The Winged Energy of Delight: Selected Translations.* Among his honors and awards are two Guggenheim Fellowships, the National Book Award, the Ruth Lilly Prize, a Minnesota Book Award, and the Minnesota Humanities Prize for Literature. He lives in Minneapolis.

ROBERT HEDIN was born in Red Wing, Minnesota, and holds degrees from Luther College and University of Alaska Fairbanks. He is the author, translator, and editor of twenty volumes of poetry and prose, including *The Old Liberators: New and Selected Poems and Translations.* Awards for his work include three National Endowment for the Arts Fellowships, two Minnesota Book Awards, a Bush Foundation Fellowship, a McKnight Foundation Fellowship, and the Loft Poetry of Distinction Award. He has taught at the University of Alaska, St. Olaf College, and Wake Forest University, where he was Poet-in-Residence for a number of years. In 2001–2002, he served as Edelstein-Keller Minnesota Writer of Distinction at the University of Minnesota. He is cofounder and current director of the Anderson Center, an artist retreat, in Red Wing.

The Chinese character for poetry is made up of two parts: "word" and "temple." It also serves as pressmark for Copper Canyon Press.

Since 1972, Copper Canyon Press has fostered the work of emerging, established, and world-renowned poets for an expanding audience. The Press thrives with the generous patronage of readers, writers, booksellers, librarians, teachers, students, and funders—everyone who shares the belief that poetry is vital to language and living.

Major funding has been provided by:

Anonymous (2)

Sarah and Tim Cavanaugh

Beroz Ferrell & The Point, LLC

Lannan Foundation

National Endowment for the Arts

Cynthia Lovelace Sears and Frank Buxton

Washington State Arts Commission

For information and catalogs:

COPPER CANYON PRESS
Post Office Box 271
Port Townsend, Washington 98368
360-385-4925
www.coppercanyonpress.org

The Dream We Carry is set in Baskerville 10, a digital reworking of the eighteenth-century English type of John Baskerville by František Štorm. Titles are set in calligrapher Arthur Baker's Baker Signet. Book design and composition by Valerie Brewster, Scribe Typography.

Printed in the USA
CPSIA information can be obtained
at www.ICGtesting.com
JSHW081434060124
54860JS00001B/6